I0194596

LES DEUX FERMIERS,

COMÉDIE

EN UN ACTE, ET EN PROSE,

Représentée *sur le Théâtre du Palais Royal, le Lundi 14 Janvier 1788.*

Prix, 24 sols.

À PARIS,

Chez CAILLEAU, Imprimeur-Libraire, rue Galande, N°. 64.

1788.

PERSONNAGES. ACTEURS.

M. DE MIRCOURT, Seigneur de l'endroit. — M. *Vallois.*

MICHAUT, } frères, fermiers — M. *Volange.*
MATHURIN, } du Seigneur. — M. *Michot.*

PERRETTE, femme de Michaut, méchante femme. — Mlle *Prieur.*

CATAU, fille de Michaut. — Mlle *le Roi.*

LE BAILLI, amoureux de Catau. — M. *Bordier.*

LUCAS, filleul & rival du Bailli, espèce de niais dépaysé & à prétention. — M. *Baulieu.*

LES DEUX FERMIERS,
COMÉDIE.

Le Théâtre représente un paysage.

SCENE PREMIERE.
MICHAUT, LE BAILLI.

LE BAILLI.

JE vous l'ai dit cent fois, Maître Michaut, vous n'avez pas avec votre femme ce ton abſolu qu'il faudroit avoir ; vous n'avez pas aſſez de fermeté ; on peut aimer ſa femme ; quoique ce ne ſoit pas trop l'uſage, cela n'eſt pourtant pas défendu ; mais encore faut-il que vous ſoyez le maître chez vous.

MICHAUT.

Je convenons de cela, Monſieur le Bailli,

j'aurions besoin, comme vous le dites, d'un peu de fermeté ; mais que voulez-vous ? Maugré son himeur, & son caractère diabolique queuquefois, c'est notre minagère, & je ne pouvons prendre sur nous de lui dire une parole plus haute que l'autre ; non, c'est plus fort que nous, j'aimons mieux endurer.

LE BAILLI.

Eh bien, mon ami, à votre aise ; mais je vous en avertis, ne me demandez plus de conseils. Savez-vous que si tous les ménages du canton ressembloient au vôtre, vous me feriez déserter le village ; vous avez cependant un bel exemple à suivre, voyez Maître Mathurin, votre frère, comment il vit avec sa femme ; il est vrai que Mathurin est un ange pour la douceur, pour le caractère, & voulez-vous que je vous parle franchement, il faut que ce soit elle pour endurer tous les mauvais traitemens que votre femme lui fait essuyer.

MICHAUT.

Querelles de femmes que tout ça, Monsieur le Bailli.

LE BAILLI.

Querelles de femmes, si vous voulez ; mais j'ai moi-même à me plaindre de Perrette ; ce n'est pas une querelle de femme, j'espère. Il y a quelques jours que je lui conseillois amicalement de songer au mariage de la belle Catau. Je lui proposois pour cette aimable enfant, la perle du village, un parti sortable, un mari qui, à la vérité, n'est pas dans la fleur de l'âge ; mais, qui, par sa charge, & la confiance dont Monseigneur l'honore, peut prétendre à ce qu'il y a de mieux ; je me propoſois enfin ; eh bien mon ami, au lieu d'accepter avec reconnoiſſance, il n'y a pas d'horreurs dont elle ne m'ait accablé ; vous conviendrez....

MICHAUT.

Eh! jarnigoi, Monſieur le Bailli ; eſt-ce que je ne la connoiſſons pas ? Mais c'eſt une miſère que cela....

LE BAILLI.

Comment, une miſère.

MICHAUT.

Vous ne ſavez pas le pire de l'aventure, & puiſqu'il faut vous parler à cœur déboutonné, vous ſaurez donc que notre femme veut abſolument rompre la ſociété qui exiſte entre Mathurin & moi, pour la ferme des biens de Monſeigneur, v'là ce qui me chagrine.

LE BAILLI.

Et vous avez raiſon.... Ah! ah! Cette ſéparation revient encore ſur le tapis ; pour cette fois elle ſe fera. J'ai bien voulu la dernière fois qu'il en a été queſtion, concilier les choſes, ne pas prendre garde à un premier mouvement de vivacité ; mais ceci eſt par trop fort, & puiſque votre femme veut faire une ſottiſe, croyez-moi, elle a beſoin de cette petite leçon... Vous n'en vivrez que plus heureux ; Monſeigneur arrive juſtement aujourd'hui pour le renouvellement du Bail ; les partages ſe feront en ſa préſence, & je vais m'occuper d'en dreſſer les articles.

MICHAUT.

Tudieu, comme vous taupez là-dedans ; ce n'eſt

pas tout-à-fait mon compte ; un peu de modération, je vous en prions. Je penfons à une chofe, faites un dernier effort ; raccommodez tout cela, & vous verrez que je fommes dans le cas d'être le maitre quand il le faut ; vous aimez Catau, n'eft-ce pas ?

LE BAILLI.

Si je l'aime ? qui ne l'aimeroit pas !

MICHAUT.

Eh ! bien, Monfieur le Bailli, je la donne à Lucas votre filleul ; c'eft un gentil garçon, il aime ma fille, Catau l'aime itou, vous aimez les bons ménages, vous ferez fervi à fouhait.

LE BAILLI.

Tout de bon ? Je vous en fais mon compliment ; vous choififfez fort bien votre gendre. Lucas un fort joli garçon ! c'eft le plus déterminé vaurien que je connoiffe.

MICHAUT.

Comment ? Lucas dont on difoit merveille.

LE BAILLI.

Vous favez que je l'avois envoyé à Paris chez un de mes amis, Procureur en la Cour, pour lui donner connoiffance des affaires : j'avois même l'intention de lui faire paffer un jour ma Charge, avec l'agrément de Monfeigneur. He bien ! mon ami, ce drôle-là ne s'eft-il pas avifé de manquer de refpect au Maître-Clerc, & de plaifanter fur une miférable petite intrigue de la Procureufe ; il s'eft enfin fait chaffer de fon Etude. Je l'abandonne à fon malheureux fort, & le renvoye dès demain à son pays. Je ne vous parlerai pas de mille autres petites fredaines qu'il a faites.... Ce Monsieur avoit aussi une inclination....

MICHAUT.

Ce que vous dites-là seroit possible !

LE BAILLI.

Ce que je vous dis est à la lettre ; & ce beau Monsieur qui, par parenthèse, se faisoit appeller de la Ferronniere, du nom de ce petit bien que vous me connoissez, arrive ici lestement il y a quinze jours, en me disant que, satisfait de son zèle & de son amour pour le travail, son Procureur l'envoyoit ici passer les vacances ; une lettre que je viens de recevoir, m'apprend tout le contraire, il n'en sait rien encore, & je suis jaloux de voir un peu ce qu'il me dira pour ses raisons. Tout ce que je sais c'est qu'il n'est pas reconnoissable.... L'air de Paris, certain je ne sais quoi ; & je gagerois que le coquin est en ce moment à lutiner quelque fille du Village.

MICHAUT.

Je n'en reviens pas.

LE BAILLI.

Ecoutez, Mîatre Michaut, je vous estime, vous êtes un honnête homme, & par amitié pour vous, je veux bien encore essayer de faire entendre raison à votre femme ; mais aussi je ne veux pas obliger un ingrat ; pour me prouver que vous êtes le maître ; donnez-moi la belle Catau pour épouse ; vous ne perdrez pas au change, je crois.

MICHAUT.

C'est vrai, Monsieur le Bailli ; mais Catau....

LE BAILLI.

Toujours le petit mot pour rire; ni Catau non plus.

MICHAUT, *à part.*

Qu'eſt-ce que je riſquons de promettre, notre femme n'y conſentira jamais. (*Haut.*) Allons, Monſieur le Bailli, arrangez notre affaire, & je vous baillons Catau.

PERRETTE, *en dehors.*

Jour de Dieu, c'eſt ce que j'allons voir.

LE BAILLI.

Je crois entendre votre femme ; pour éviter quelqu'explication fâcheuſe, laiſſez-moi ſeul avec elle & comptez ſur moi.

MICHAUT.

Allons, v'là qu'eſt dit, que tout s'arrange & Catau eſt à vous.

SCENE II.

LE BAILLI, PERRETTE.

PERRETTE.

Votre ſervante, Monſieur le Bailli ; eh bien, ſommes-nous encore fâchés : venez-vous encore demander Catau en mariage ; je gageons que vous venez de compter tout ça à Michaut ; mais vous ne ſavez donc pas que ni vous, ni mon homme, ni tous les diables, Monſieur le Bailli, ne me feriónt pas faire autrement que ce que j'ons bouté

COMÉDIE.

là.... Scependant ne vous effarouchez pas, il ne tient qu'à vous d'épouser Catau, mais en revanche, il faut que vous promettiez de faire ce que je venons vous demander, ou sinon je vous étrangle.

LE BAILLI.

Vous demander les choses de si bonne grace, Madame Perrette, qu'il n'y a pas moyen de vous refuser ; de quoi s'agit-il ?

PERRETTE.

Le voici ; vous savez que je sommes en société avec Mathurin pour la Ferme des biens de Monseigneur ?

LE BAILLI.

Je le sais.

PERRETTE.

Eh bien ; il faut que tout cela finisse ; chacun de son côté ; pas plus de société que d'amitié entre nous. Mon beau frère est un sot, & ma belle sœur une impertinente, j'ons souffert pendant dix ans ; mais à la fin ma patience échappe, & j'entendons, & je prétendons que chacun dès aujourd'hui se teniont chez soi & séparément.

LE BAILLI.

J'entends bien ; mais que puis-je faire à cela ?

PERRETTE.

Ce que vous pouvez faire à cela ; ah ! je vous l'apprendrons.

LE BAILLI.

Mais encore, n'y auroit-il pas moyen de concilier les choses.... Il me semble que la paix....

PERRETTE.

La paix ! C'est justement parce que je ne voulons que la paix, qu'il faut que je soyons séparé aujourd'hui.

LE BAILLI.

Il y a donc eu quelque nouveau tapage ?

PERRETTE.

J'allons vous conter çà. Hier, j'étions bonnement à causer avec la voisine Magdeleine....

LE BAILLI.

Oui, de tout ce qui se passe dans le Village, c'est à merveille.

PERRETTE.

Je passions en revue tous les mariages qui s'étions faits depuis environ qu'eu qu'années, Magdeleine disoit son mot, moi je disois le mien....

LE BAILLI.

Charitablement, c'est tout naturel.

PERRETTE.

Quand v'là qu'une parole lâchée comme par hasard, me fait comprendre à moi qu'elle savoit que mon mariage....

LE BAILLI.

C'étoit fait fort à propos ; oui, je vous entends.

PERRETTE.

Moi, voyez-vous, je ne laissons pas tomber ça. V'là que je dis à la voisine ; Magdeleine, il y a qu'euque chose là-dessous ; ce n'est pas que je disions non ; mais quand on épouse le garçon, il n'y a rien à dire, n'est-ce pas, Monsieur le Bailli ?

COMEDIE.
LE BAILLI.
Surement.
PERRETTE.

Mais, qu'est-ce qui t'a dit ça, que je lui dis ; pardine me dit-elle, c'est le secret de Polichinel, ta sœur le conte à tous ceux-là qui voulont l'entendre ; vous pensez bien que notre conversation a fini là. Je sommes accouru chez ma sœur, je lui avons défilé notre histoire, qu'elle n'a pas renié dà, & sans son benêt de mari, qui est arrivé, je crois que j'allions la dévisager.

LE BAILLI.
Vous avez agi sagement de n'en rien faire.

PERRETTE.

J'ons tout conté à Michaut, & je lui avons signifié qu'il n'auroit ni paix ny trêve dans la maison que je ne soyons plus en société avec s'te sournoise-là : je l'ons mis là, voyez vous, & pour s'te fois, tous les Monseigneurs de la terre ne m'en ferions pas démordre ; v'là Monsieur le Bailli de quoi qu'il est question. Ons je tort ; je vous en faisons Juge.

LE BAILLI.

Écoutez, Perrette, écoutez ; il n'est rien que je ne fasse pour vous obliger, & obtenir la belle Catau ; mais êtes vous bien sûre.... J'ai peine à croire que Mathurine se soit permis.... Il ne faut pas toujours ajouter foi.... Il y a tant de gens qui se font un plaisir de mettre le trouble dans les familles ; vous connoissez cette Magdeleine, entre nous soit dit, c'est un assez mauvais sujet.

LES DEUX FERMIERS,

PERRETTE.

Monsieur le Bailli, encore une fois je l'ons mis là, & il faut que ça soit; d'abord je vous rendions justice, je vous trouvions le plus vieux, le plus laid, le plus maussade du Village; mais aujourd'hui je vous trouvons à croquer; je vous donnons la préférence pour ce qui regarde Catau sur les plus biaux garçons des environs.

LE BAILLI.

Mais il me semble que Lucas....

PERRETTE.

Ah! ben oui, Lucas; v'là un joli garnement!

LE BAILLI.

Que vous le connoissez bien!

PERRETTE.

Qu'il s'avise de remettre les pieds cheux nous; j'alions de ce pas faire la leçon à Catau, si elle y manque elle verra de quel bois je me chauffe, & puis vous ne savez donc pas, c'est une occasion pour faire enrager notre homme, ainsi vous devez ben penser....

LE BAILLI.

C'est juste, c'est juste.

PERRETTE.

Si bien donc, Monsieur le Bailli, qu'il faut que vous métiez tout de suite les fers au feu; qu'au lieu d'un bail, vous en fassiez deux, afin que Monseigneur n'ait plus qu'à signer à son arrivée. Vous apporterez itou le contrat de mariage pour Catau & vous, & je répondons du reste. Pour ce qui est de Lucas, faut pas que ça vous inquiete, j'allons, comme je vous ai dit, lui chanter fa gamme, & le prier tout uniment, comme dit la chanson, de rengainer son compliment; votre servante, Monsieur le Bailli, votre servante.

SCENE III.

LE BAILLI, seul.

VOILA un joli petit bijou de femme; mais, récapitulons un peu, Perrette veut cette séparation, Michaut n'en est pas trop d'avis. Quel parti prendre! Tous les deux m'ont promis Catau; ma foi, tout vu, & tout consideré; c'est à Perrette qu'il faut chercher à plaire, la docilité de son homme que je condamnois il n'y a qu'un moment, me servira dans cette affaire beaucoup mieux que je ne pensois. Cependant, je crois qu'il seroit prudent d'éloigner ce Lucas; les choses peuvent changer de face, & je pourrois bien redevenir aux yeux de Perrette, ce que je lui paroissois d'abord; elle me trouve charmant aujourd'hui; mais c'est un petit compliment de circonstance sur lequel il n'est pas trop sage de compter. Monsieur Mathurin est allé conduire sa femme au Village voisin, pour la soustraire à l'humeur de Perrette; profitons de ce moment d'absence, pour faire ce que desire la mère de Catau, & faire déguerpir Monsieur Lucas de la Ferronniere; justement, le voici.

SCENE IV.
LUCAS, LE BAILLI.

LUCAS, *sortant de chez Perrette.*

Ah! ben oui, on se moque ben de ça, & si Maître Michaut le veut.... Quelle chienne de femme que ste Perrette; mais c'est tous les jours à recommencer; hier, c'étoit pour son merle; aujourd'ui, c'est pour Catau; c'est un diable que cette enragée-là.

LE BAILLI.
Comment? Comment? Son Merle!

LUCAS.
Surement; st'animal est privé; moi j'avois laissé la cage ouverte. V'là que Perrette arrive, elle voit l'Oiseau dehors, elle me campe le plus beau soufflet! On n'a pas d'idée d'ça. Pour un Merle & qui est méchant comme je ne sais quoi, assommer un jeune homme! J'avois qu'à me fâcher, moi, quand elle lui apprenoit à parler autrefois, & que ce Lucifer chaque fois que je venois à passer dans le Village qu'il m'appelloit toujours nigaud. Il a voulu recommencer son train, quand je suis arrivé de Paris; mais je dis, je prends ça de la part de qui ça vient; j'ai pris mon parti, je méprise ça.

LE BAILLI.
Ah! tu méprises ça; c'est fort bien; mais de

quoi t'avises-tu aussi d'aller te frotter dans cette maison; puisque tu avois hier à te plaindre de Perrette, pourquoi y retourner aujourd'hui?

LUCAS.

Pourquoi? Il est bon là, mon parrain! Pourquoi! c'est que j'aime Catau.

LE BAILLI.

Ah! tu aimes Catau.

LUCAS.

Et Catau m'aime bien aussi; il y a long-tems que c'est dit; nous allons nous marier.

LE BAILLI.

Je t'en fais mon compliment; mais écoute donc, Lucas; pendant ton séjour à Paris, es-tu bien resté fidèle à Catau?

LUCAS.

Ah! pour ça.... On peut bien dire.... Certainement il ne manque pourtant pas d'occasions-là... C'est pas pour me vanter : si j'avois voulu.... Mais pourquoi que vous me demandez ça, mon Parrain?

LE BAILLI.

C'est qu'il m'est revenu qu'un cerain Lucas de la Ferronniere....

LUCAS, *avec surprise.*

Tiens, mon Parrain qui sait.... Mais qu'est-ce qui vous a donc conté ça.

LE BAILLI.

Je sais bien autre chose, ma foi.... Comment as-tu quitté ton Procureur? étiez-vous bien ensemble?

LES DEUX FERMIERS,

LUCAS, *à part.*

Mon Dieu, mon Dieu, qu'il y a de vilaines gens dans le monde! (*Haut.*) Pardine ça ne se demande pas, comme les deux doigts de la main.

LE BAILLI.

On m'écrit cependant de Paris....

LUCAS.

Oui, quelques menteries, je parierois.

LE BAILLI.

Nous allons voir. (*Il cherche la lettre.*) Ah! la voilà. (*Il lit.*) « Je dois vous prévenir, mon cher » ami, que Lucas de la Ferronniere... (*Il l'interrompt.*) (Lucas de la Ferronniere!

LUCAS.

Dame, ils se moquoient toujours de moi, ces Clercs; Lucas par-ci, Lucas par-là, & puis ils me rioient au nez; moi quand j'ai vu ça, j'ai pris un nom de Terre.

LE BAILLI.

Il n'y a pas grand mal à ça. (*Il continue de lire.*) » Que Monsieur Lucas de la Ferronniere, s'est » fort mal conduit ici. Son Procureur vient de me » marquer qu'il avoit été forcé de le mettre.... Lis toi-même comme il y a là....

LUCAS, *lisant*

De le mettre.... A la porte.... Ah! ça; c'est vrai.... (*A part.*) Au moment de souper encore.

LE BAILLI.

» Non content de manquer de respect à tout » le monde, & particulièrement au Maître Clerc,

» il s'est permis de plaisanter sur la conduite de
» la Procureuse ; ce qui a fort déplu.

LUCAS.

Pardine je crois bien ; elle vouloit toujours me
faire porter ses billets doux....

LE BAILLI.

» Il ne manque ni d'esprit, ni d'intelligence,
» mais il est paresseux, & il aime un peu les
» femmes.

LUCAS.

Oh! ça, il n'a pas tort.

LE BAILLI.

» Je ne le voyois ni Fêtes ni Dimanches ». Et
où alliez-vous, s'il vous plaît, ces jours-là ?

LUCAS.

Où j'allois ? J'allois dîner en Ville.

LE BAILLI.

Et pourquoi pas chez votre Procureur ?

LUCAS.

Ah! ben oui ; j'aurois fait-là un fier repas ;
allez-y donc les Fêtes & Dimanches. Pour les
Clercs, bernique, la marmite est renversée ; moi
quand j'ai vu ça, j'ai fait une connoissance, une
jeunesse !

LE BAILLI.

Vous voyez bien, mon petit ami, que je ne
puis approuver cette conduite. Quant à la belle
Catau, je m'intéresse trop à elle, pour souffrir
qu'elle soit la femme d'un libertin de votre espèce ;
& dès demain je vous renvoye au Pays.

B

LES DEUX FERMIERS,

LUCAS.

Ba ! vous croyez comme ça que je vas quitter Catau ; oh ! que non pas, elle en mourroit de chagrin.

LE BAILLI.

Il faudra pourtant bien vous y résoudre, puisqu'il se présente un parti des plus avantageux ; & quand elle saura....

LUCAS.

Pardine, pardine, ça ne tardera pas, car la v'là justement qui arrive ; nous allons voir comment elle prendra ça. Je connois Catau, & je suis bien sûr....

SCENE V.

LES PRÉCÉDENTS, CATAU.

CATAU, *avec beaucoup de gaieté.*

Bonjour, Monsieur le Bailli.

LE BAILLI.

Adorable Catau, je suis votre petit serviteur.

CATAU.

Ma mère vient de m'apprendre une jolie nouvelle ; je vais me marier.

LUCAS.

Elle a mis sa mère à la raison.

COMÉDIE.

LE BAILLI, *à part.*

Perrette est une femme admirable ; (*Haut*) & vous êtes donc bien contente de vous marier ?

CATAU.

Enchantée.

LE BAILLI.

Le mari qu'on vous destine est sans doute à votre gré.

LUCAS.

Je le crois ; Catau seroit bien difficile.... Je lui défie bien de trouver mieux.

CATAU.

Monsieur Lucas a raison ; je n'aurois jamais osé prétendre....

LUCAS.

Ah ! ah ! pourquoi donc ; sûrement....

CATAU.

Monsieur le Bailli, ma mère vous aime à la folie ; & comme je dois en tout la prendre pour modèle ; je ne me suis pas fait dire deux fois de vous aimer.

LUCAS.

Comment ? comment ? Mademoiselle ?

CATAU, *à part.*

Lucas enrage ; à merveille. (*Haut.*) Monsieur le Bailli, cela sera-t-il pour aujourd'hui ?

LUCAS.

Tiens ; Mademoiselle qui n'aime pas que ça traîne. Ah ça, Catau, qu'est-ce que ça veut donc dire ?

B 2

CATAU.

Cela veut dire que j'épouse aujourd'hui Monsieur le Bailli, que ma mère le veut, & que moi je ne demande pas mieux. Voilà, Monsieur Lucas, ce que cela veut dire.

LE BAILLI.

Il n'y a rien de plus clair ; vous voyez, mon cher ami, que sans être un petit séducteur comme vous pouvez l'être, on n'est pas sans moyen de plaire. Certainement je n'y mets pas la moindre envie de vous nuire, cela vient tout naturellement. Charmante Catau, je suis transporté de tout ce que je viens d'entendre ; & si je n'avois ouï de votre propre bouche l'aveu des sentimens que je vous inspire ; je ne pourrois jamais y croire ; il ne faut pourtant pas être trop cruelle ; ce pauvre garçon me fait peine ; je vous engage à le consoler. Je vais sur le champ dresser les articles de notre contrat. Adieu, mon pauvre Lucas, tu peux à présent demeurer dans le Village ; j'oublie tes petites fredaines en faveur de ton infortune. Adieu, incomparable Catau.

SCENE VI.

LUCAS, CATAU.

LUCAS.

Eh ! bien, Mademoiselle ; ça s'arrange bien ; mais queu vertigo vous a donc passé par la tête ;

COMÉDIE. 21

il n'y a qu'un moment, nous étions les meilleurs amis du monde....

CATAU.

C'est qu'il ne faut qu'un moment pour découvrir bien des choses.

LUCAS.

Comment, découvrir bien des choses! Peut-on savoir encore ce que Mademoiselle a découvert; certainement pour ce qui est de ma flamme, je suis bien tranquile.

CATAU.

Bien tranquille? Vrai? vous n'avez rien à vous reprocher.

LUCAS, *à part*.

Ah! mon Dieu, mon Dieu, est-ce que mon parrain auroit jasé. (*Haut.*) Mademoiselle, je suis innocent; & tout ce que je puis vous dire, c'est que vous êtes tout le caractère de votre mère.

CATAU.

Des injures! Jolie manière de se justifier.

LUCAS.

Oui Mademoiselle; on n'afflige pas un jeune homme sans lui dire pourquoi; c'est vilain à vous, & je prends mon parti. Je vous aimois; je ne vous aime plus.

CATAU.

Voyez le grand malheur; il faut convenir que je fais-là une fiere perte! heureusement que Monsieur le Bailli m'en dédommagera; pour vous, Monsieur Lucas, Mademoiselle Thérèse à qui vous avez donnez un rendez-vous pour la fête prochaine....

LUCAS.

Thérèse ! Oh ça, on peut bien dire.... Ecoutez-moi, Mademoiselle, c'est une malice de Thérèse, qui a voulu vous mettre martel en tête, je vois ça, & je vas vous conter le fait. On arrive de Paris, & vous penfez bien que les filles d'un Village ont des yeux.

CATAU.

Monsieur Lucas n'a pas d'amour-propre !

LUCAS.

Est-ce ma faute à moi, si je fais plus de conquêtes que je ne veux. J'ai donné dans l'œil à Thérèfe, elle m'a fait promettre de la conduire à la fête prochaine ; mais dans des cas comme ça ; Mademoiselle, pour se débarrasser des perfonnes, on promet beaucoup de chofes qu'on fait bien qu'on ne tiendra pas ; v'là Mademoiselle ce qui en est ; voyez à préfent si j'ai mérité que vous me traitiez comme vous faites.

CATAU.

Belle excufe ! Vous croyez donc que je me contente de cela ; il ne faut manquer de parole à perfonne. J'ai promis d'époufer Monfieur le Bailli, je vous montrerai l'exemple. Je ne veux pas pour mari, d'un homme à bonnes fortunes. Après le mariage vous n'auriez qu'à faire encore des conquêtes ; je ferois bien avancée ! Je fuis bien fûre que Monfieur le Bailli n'en fera pas. Monfieur Lucas, votre très-humble fervante.

LUCAS.

Mademoiselle, je vais trouver Monsieur Michaut, & nous verrons....

SCENE VII.

Les précédens; MATHURIN.

MATHURIN.

Comment, morgué, déjà en querelle; eh! mes enfans, vous êtes ben pressés; un moment de patience; vous n'êtes pas encore mariés. Est ce que par hazard tu voudrois faire comme ta mère, ma pauvre Catau? Je savons ce qu'en vaut l'aune; Lucas seroit à plaindre.

LUCAS.

Tenez, Maître Mathurin, jugez-nous vous-même.

CATAU.

Ne l'écoutez pas, mon oncle, c'est un infidèle.

MATHURIN.

Un infidèle! Qu'est ce que tu me dis-là mon enfant Ah ben, je sommes au fait; je n'avons pas besoin d'en savoir davantage. Vous n'avez tort ni l'un ni l'autre.

CATAU.

Comment, mon oncle.

MATHURIN.

Eh! oui, mon enfant; ces petites brouilles-là

font que les Amans s'en aimont davantage. De tous les tems on s'eſt brouillé comme ça, & pour ce qui eſt du mariage, il vaut mieux qu'elles veniont avant qu'après.

LUCAS.

S'il vous plaît, c'eſt qu'il n'y a pas de quoi fouetter un chat.

MATHURIN.

Ecoutez ; Catau, vas dire à ton père que je fommes revenus, & que je l'attendons ici. Et toi, Lucas, ne te chagrine pas ; je ferons la paix & ton mariage. Allez, mes enfans, que ce qui nous arrive vous fervions d'exemple, & fouvenez-vous toujours que la paix dans le ménage, & dans une famille, eſt le plus grand bien que la Providence puiſſe nous accorder. Vas, ma petite Catau, vas. (*Elle fort.*) Dis-donc, Lucas, paſſe chez le Bailli, & dis lui de penſer à s'te petite affaire dont je viens de lui parler.

SCENE VIII.

MATHURIN, *feul.*

AVEC tout ça, ce maudit partage me chiffonne. Se féparer c'eſt ben dur. J'étions fi ben d'accord avec notre frère avant que je foyons mariés. J'étions heureux. Ah dame, je n'avions pas de femme non plus.... Pas de volontés que les nôtres.... Ce pauvre Michaut, c'eſt lui qui me chagrine.... Il a dix enfans, & je n'en avons pas un, nous ; après tout, ce n'eſt peut-être pas notre faute.... Encore s'il y avoit moyen de faire entendre raiſon à nos femmes ; oui, c'eſt ben dit, mais à moins d'un miracle, comptez là-deſſus ; allons morgué, il n'y faut plus penſer ; j'aurons la paix. Eh ben, coute qui coute, ne barguignons plus, & que tout ſoit fini. (*Il va au-devant de ſon frère.*) Eh ! bon jour frère, comment ça va-t-il mon ami ?

SCENE IX.

MICHAUT, MATHURIN.

MICHAUT.

Ma foi, frère, comme tu vois, guères chanceux. Et notre sœur comment ſe porte-t-elle ?

MATHURIN.

Comme une Reine, mon ami ; elle t'embraſſe. Dieu merci, j'allons avoir la paix, pour cette fois ; nos femmes ne ſont plus enſemble, ce ſera ben le diable, ſi elle ſe querellont : & ma sœur ?

MICHAUT.

Oh ! elle n'eſt pas changée, c'eſt toujours un démon.

MATHURIN.

Que veux-tu, frère, c'eſt une femme.

MICHAUT.

Je ne croyons pas, par exemple, que celle-là ait ſon pareil ; depuis ton départ je n'ons pas eu un moment de repos. Elle a cherché noiſe à tout le monde ; Lucas, Catau, le Bailli & moi ; il a fallu y passer, il n'y a pas eu moyen ; il n'y a plus que Monseigneur. Oh ! il sera bien heureux, s'il en réchape. Et puis tu ne sais pas, elle veut absolument que je nous séparions ; le Bailli est dans ses intérêts, & pour ste belle besogne, il épouse Catau, que sais-je....

MATHURIN.

Et le Bailli y compte.... Je venons de le quitter. Pour le partage, il sera bientôt baclé, c'est la chicane en personne ; mais pour Catau j'en fais mon affaire, s'il ne se marie qu'avec elle....

MICHAUT.

Comment, le partage !

MATHURIN.

Oui, notre séparation.

MICHAUT.

Mais y penses-tu, frère ?

MATHURIN.

Mon ami, tu me connois ; mais il faut que ça soit ; il le faut.

MICHAUT.

Comment, mon ami, il le faut ! Mais que veux-tu donc que je devenions ; mes enfans sont-ils la cause de l'himeur de Perrette ? Allons, frère, penses-donc à ça. Tu ne voudrois pas m'affliger Je t'avons toujours aimé, je t'aimerons toujours, tu m'aimes itou. Fait-on le malheur de ceux-là qui nous sont chers ? Tant que nos biens ont été en communs, grace à toi, je n'ons pas connu le besoin, je n'avons demandé de secours à personne ; mais si tu m'abandonnes, si nous partageons nos profits, la Ferme de Monseigneur, qui prendra soin de mes enfans ; tu es ben heureux, tu n'en as pas toi ; tu vivras à l'aise. Mourir de faim ou de misère, v'là pourtant mon lot, si tu fais ste malheureuse séparation ; encore Perrette qui est la cause de tout ça sera-t-elle assez méchante pour en accuser un jour ton misérable frère.

MATHURIN.

Ecoutes, frère, ce que tu dis-là, c'est mal. As-tu queuques raisons pour penser que je voulons t'abandonner. Il ne faut pas non plus que le chagrin te rendions injuste ; si j'ons fait queuque chose pour toi, c'étoit dans l'ordre, n'es-tu pas notre frère ? J'ons fait notre devoir, c'est vrai, mais enfin, je l'ons fait, & v'là pour récompense que tu t'imagines que je te laisserons dans la misère ; ah ! Michaut, je te parle franc ; je ne m'attendions pas à celui-là.

MICHAUT.

Pardon, mon ami, si je t'avons chagriné, c'est maugré moi ; mais quand une fois le partage & cette séparation seront faits, je serois tout seul avec mes dix enfants, & si par malheur queuque mauvaise année....

MATHURIN.

Primo d'abord, pour les bénéfices de la ferme partage égal, j'ons prévenu le Bailli là-dessus ; absolument comme quand j'étions garçons, les biens de Monseigneur par moitié ; & s'il arrive comme tu dis, queuque mauvaise année, si queuque fléau fait tort à la vendange, à la moisson, eh bien, mon ami, tu viendras me trouver ; tu me diras frère, l'année eſt ben chétive s'tannée ; je t'entendrai, je ſaurai ce que ça veut dire, moi qui t'aimons, qui voudrons t'obliger, & je te dirois à cela ; mon ami, v'là mon cœur, ma bourſe, & mes greniers ; tu y puiſeras tant que tu voudras, & je te prêterons tout ça, à condition que tu ne me rendras rien.

MICHAUT.

Ah ! mon pauvre Mathurin, mon cher Mathurin.

MATHURIN.

Eh ! n'eſt-ce pas tout ſimple ? Tu as de la famille, & je n'en ons pas je n'aurions pas été fâché d'avoir queuques marmots, mais enfin, puiſque c'eſt comme ça, je dépenſerons pour les tiens ce que les miens m'auriont coûté. Je pourrons t'obliger, eh ben, c'eſt un bonheur pour un autre, je n'aurons rien à deſirer.

MICHAUT.

Tiens frère, tout cela eſt bel & bon ; mais faiſons mieux mon ami, crois-mois reſtons comme nous ſommes, point de ſéparation ; je te promettons de faire entendre raiſon à notre femme.

SCENE X.

LES PRÉCÉDENS, PERRETTE.

PERRETTE, *qui a entendu les derniers mots de la précédente Scène.*

OH, ne vous flattez pas de ça. Il faut que tout soit bâclé, & tout à l'heure. (*Avec humeur.*) Bon jour, mon frère.... Dieu merci, nous v'là débarrassés de votre femme.

MATHURIN.

Grand merci, ma sœur. (*A Michaut.*) N'avois-tu pas promis de lui faire entendre raison ; v'la de jolies petites dispositions.

SCENE XI.

LES PRÉCÉDENS, LUCAS.

LUCAS.

V'LA Monseigneur, v'là Monseigneur ; ah ! mon Dieu ! mon Dieu ! que je suis content ! Je lui ai conté mon affaire, & ça s'arrangera ; car Monseigneur m'a dit que j'étois un nigaud.

MATHURIN.

Monseigneur s'y connoît.

LUCAS.

Oui, un nigaud de me chagriner; ah! ah! Maître Mathurin; vous êtes toujours farce; en attendant, j'épouserai Catau.

PERRETTE.

Tu épouseras Catau! Un vaurien comme toi seroit le mari de ma fille! Ah! je suis sa mère, & je vous le prouverons.

MICHAUT.

Mais je sommes son père, peut-être?

PERRETTE.

C'est ce qu'il faudra voir.

MATHURIN.

Oui, oui ma sœur: vous avez raison, faudra éclaircir ça; mais pour le moment, un peu de douceur, s'il est possible; j'espérons que devant Monseigneur...

LUCAS.

Pardine, vaudroit mieux. Justement v'là Monseigneur avec Monsieur le Bailli.

COMÉDIE.

SCENE XII, & dernière.

LES PRÉCÉDENS, LE BAILLI, M. DE MIRECOURT.

LE BAILLI.

Ce que j'ai l'honneur de vous dire, Monseigneur, est à la lettre ; & mon mariage avec la belle Catau est une des conditions de ce partage.

M. DE MIRECOURT.

Bon jour, mes enfans ?

MICHAUT.

Pardon, Monseigneur, si j'avons manqué pour cette fois à ce que je vous devons ; j'aurions ben été, comme de coutume, au-devant de vous, Monseigneur ; mais voyez-vous, c'est que quand on est dans la tristesse, on ne sauroit prendre aucun plaisir.

M. DE MIRECOURT.

Comment ! ce que le Bailli vient de m'apprendre seroit-il vrai ?

MATHURIN.

Hélas ! que trop, Monseigneur, si j'étions encore garçon, ça ne seroit jamais arrivé ; oh ! ça, c'est ben sûr, mais vous saurez que nos femmes....

PERRETTE.

Nos femmes ! ah ! Monseigneur me connoit ; il

sait ben ce que vaut Mathurine, & que si tant seulement elle me ressembloit, il n'y auroit pas de brouille dans le ménage.

LUCAS.

La bonne personne !

M. DE MIRECOURT.

Perrette, Mathurine est absente, & je dois plaider sa cause; elle est douce, son caractère est heureux, je n'ai pas de vous moins bonne opinion, mais je croirois assez que vous avez plus de part qu'elle à cette séparation. Certain pressentiment....

PERRETTE.

Monseigneur....

M. DE MIRECOURT.

J'ai quelques petites raisons pour vous parler ainsi, ce n'est pas la première fois.... Ecoutez, faisons ensemble un petit arrangement. Vous savez tous combien je vous aime.

ENSEMBLE.

Ah ! Monseigneur !

M. DE MIRECOURT.

Je réponds de Michaut, de Mathurin & de sa femme ; ils approuveront ce que je vais faire, j'en suis persuadé.

MATHURIN.

Certainement ce que fera Monseigneur, je promettons d'avance.

M. DE MIRECOURT.

Je desire que mes biens soient affermés comme
ils

ils l'ont toujours été; cependant je laisse à Perrette la liberté du choix; si elle n'est pour rien, comme j'aime à le croire, dans la séparation projettée, elle ne se fera pas; dans le cas contraire, je consens à tout; mais au moins saurai-je à quoi m'en tenir.

MICHAUT.

Allons Perrette.

PERRETTE.

Monseigneur.

M. DE MIRECOURT.

Vous hésitez, pourquoi ?

PERRETTE.

Dame, Monseigneur, c'est que c'est aussi par trop embarrassant.

M. DE MIRECOURT.

Si Mathurine vous ressembloit, il n'y auroit pas de brouille dans le ménage; c'est vous qui l'avez dit.

PERRETTE.

Monseigneur, puisqu'il faut absolument que je parlions, je vous dirons donc, que je ne sommes pas la cause de ce partage, mais que je voulons bien qu'il se fasse.

M. DE MIRECOURT.

C'en est assez; vous serez satisfaite; mais songez bien, que si vous avez quelque sujet de vous en repentir, vous ne pourrez vous en prendre qu'à vous seule.

C

LES DEUX FERMIERS,

MICHAUT.

Vous entendez Perrette ; ah ! Monseigneur v'là le moment que je redoutions le plus.

M. DE MIRECOURT.

Soyez tranquille Maître Michaut ; vous avez un bon Maître, un bon frère.

LUCAS.

Et une méchante femme, faut le dire, mon mariage seroit fait à moi, sans tout ça.

LE BAILLI.

Voici, Monseigneur, les deux baux qui sont à signer, comme vos biens consistent en deux fermes d'un égal rapport, j'en ai fait le partage aux conditions accoutumées ; chaque ménage habitera dans sa ferme.

M. DE MIRECOURT.

C'est fort bien ; il ne reste donc plus qu'à signer.

LE BAILLI.

Oui, Monseigneur ; l'usage voulant que l'aîné choisisse la ferme qui lui conviendra ; c'est à Maître Michaut.

MICHAUT.

Allons, puisqu'il le faut ; je choisissons celle-ci, Monseigneur, si c'est votre bon plaisir.

MATHURIN.

Ce partage-là n'est pas égal.

M. DE MIRECOURT.

Il me semble pourtant....

MATHURIN.

Non Monseigneur, ma part n'est pas complette.

COMÉDIE.
MICHAUT.

Mais elle l'est, mon ami, tu le sais bien.

MATHURIN, *avec beaucoup de sensibilité.*

Je sais, & je vois qu'elle n'est pas complette, & qu'il y manque ce que j'en aimons le plus, eh! mon ami! crois-tu que moi qui n'ai point d'enfans, je vais diviser nos biens sans partager aussi ta famille. J'en veux la moitié; tu as dix enfans, j'en choisis cinq, & je prenons les plus jeunes, afin que les plus grands puissions t'aider dans tes travaux. Ce que j'exige-là, mon ami, ne m'en fais pas gré, c'est notre femme qui l'a voulu; fais ce que je disons, sans cela, point de partage, Monseigneur peut disposer de ses biens.

MICHAUT.

Ah! mon cher Mathurin; ah! Monseigneur. Eh bien! Perrette.

PERRETTE, *avec émotion.*

Je n'ons pas la force de parler; Monsieur le Bailli, donnez-moi tous ces papiers. (*Elle les déchire*) Monseigneur, v'là le partage fini. (*Elle embrasse Mathurin.*) Mon pauvre Mathurin, je vous promettons bien....

MATHURIN.

Tiens parole, ma chere Perrette, aimes-nous comme je t'aimons, & tout est oublié.

LUCAS.

Pardine v'là une fière action!

M. DE MIRECOURT.

Ah! mes amis, quel tableau touchant! que

vous me rendez fier du titre honorable de votre bienfaiteur; Mathurin, mon bon ami, comment te payer du plaisir pur que j'éprouve en ce moment. Vous voyez, Perrette, de quel ami vous alliez vous séparer; n'oubliez jamais une scène aussi délicieuse, & qu'elle soit pour vous, mes enfans, le garant d'une union éternelle; Lucas m'a parlé de quelque chose qui ne déplaira sûrement pas à la petite Catau.

LUCAS.

Ah! v'là mon affaire....

LE BAILLI.

Aussi Monseigneur, ai-je prévenu vos desirs; voici le contrat tout dressé; je donne à la belle Catau tous mes biens.

M. DE MIRECOURT.

Et moi j'ajoute pour son mariage avec Lucas, deux années du produit de la ferme.

LE BAILLI.

Monseigneur, j'aurai l'honneur de vous observer que j'ai pour ce mariage l'aveu de Catau, & le consentement de Perrette.

M. DE MIRECOURT.

C'est trop juste, Bailli. Je ne veux rien déranger ici; que Catau prononce si mon choix lui déplaît.

CATAU.

Puisque Monseigneur a bien voulu choisir, & qu'il faut que j'épouse Lucas, je ne demande pas mieux; un peu de jalousie....

M. DE MIRECOURT.

N'est pas une haine éternelle, sans doute....

COMÉDIE.

Voilà qui est à merveille, vous consentez mes amis.

TOUS ENSEMBLE.

Oh! de tout notre cœur Monseigneur.

PERRETTE.

Et puis Monseigneur, je n'avions promis Catau qu'en cas de partage; il ne se fait pas. Partant quitte.

MATHURIN.

C'est ça, rien de fait.

M. DE MIRECOURT.

Allons, Bailli, vous ne voudriez pas vous opposer au bonheur de ces bonnes gens.

LE BAILLI.

Puisque Monseigneur le desire, je consens à tout.

LUCAS.

Ah! je voyois ben tantôt que c'étoit qu'une frime. Vas Catau, je connois les femmes! Allons, touche-là, ma petite Catau, me v'là ton homme.

MATHURIN.

Catau, je t'avions ben dit tantôt que ça ne dureroit pas; & toi, Lucas, reste avec nous, mon ami; sois Laboureur, laisse-là ta chicane, ne retourne plus chez ton Procureur, tu es un honnête garçon, ce seroit dommage.

LUCAS.

Ah! bien, v'là une bonne parole celle-là!

M. DE MIRECOURT.

Allons mes amis; célebrons cette heureuse journée par le mariage de nos jeunes gens.

38 LES DEUX FERMIERS,

(*A Mathurin.*) Portez à Mathurine la nouvelle de votre réconciliation, ramenez-la au sein de sa famille, & souvenez-vous toujours, mes bons amis, que la paix & l'union sont la source du vrai bonheur.

FIN

Lu & approuvé pour la représentation & l'impression, le 5 Janvier 1788. Signé SUARD.

Vu l'Approbation permis de représenter & d'imprimer à Paris ce 7 Janvier 1788. Signé DECROSNE.

DRAMES ET COMÉDIES

Qui se trouvent chez CAILLEAU, *Imprimeur, Libraire, rue Galande, N°. 64.*

A.

Abdolonime, ou le Roi berger.
A bon Chat, bon Rat.
A bon Vin point d'enseigne.
Alexis & Rosette.
Amant de retour. (l')
Amour & Bacchus au Village. (l')
Amour Quêteur. (l')
Amour Suisse. (l')
Amours de Montmartre. (les)
Anglais à Paris (l')
Anglaise (l') déguisée.
Arlequin muet.
Arlequin Roi dans la Lune.
Artisan Philosophe. (l')
Aveux imprévus. (les)
Avocat Chansonnier. (l')
Bal Masqué. (le)
Ballon. (le)
Barogo.
Bataille d'Antioche. (la)
Battus payent l'amende. (les)
Bayard.
Bienfaisans. (les)
Bienfait anonime. le)
Bienfait récompensé. (le)
Blaise le Hargneux.
Bon Seigneur. (le)
Bon Valet. (le)
Bonnes gens. (les)
Boniface Pointu.
Bons Amis. (les)
Bottes de Foin. (les)
Brebis (la) entre deux Loups.
Cabinet de Figures. (le)
Cacophonie. (la)
Café des Halles. (le)
Ça n'en est pas.
Caprices (les) de Proserpine.
Carmagnole & Guillot Gorju.
Chacun son Métier.
Cent Ecus. (les)
Cent Louis. (les)
Consultations. (les)
Corbeille enchantée. (la)
Cristophe le Rond.

Churchill amoureux.
Colporteur supposé. (le)
Dangers des Liaisons. (le)
Déguisemens Amoureux, (les)
Déguisemens, (les)
Déserteur, Drame.
Devin par hasard. (le)
Deux (les) font la paire.
Deux Fermiers. (les)
Deux Fourbes. (les)
Deux Locataires. (les)
Deux Sœurs. (les)
Deux Sylphes. (les)
Dinde du Mans. (la)
Diogène Fabuliste.
Double Promesse. (la)
Dragon (le) de Thionville.
Duel (le)
Dupes de l'Amour. (les)
Echange (l') des deux Valets.
Ecole des Coquettes. (l')
Ecolier devenu Maître. (l')
Ecossaise. (l')
Ecouteur aux Portes. (l')
Emménagement de la Folie. (l')
Enrôlement supposé. (l')
Esope à la Foire.
Espiéglerie amoureuse. (l')
Etrennes de l'Amour, (les)
Eustache Pointu.
Fanfan & Colas.
Fanny.
Faux Talisman. (le)
Fausses Consultations. (les)
Fausses Infidélités. (les)
Faux Ami, Drame. (le)
Faux Billets Doux. (les)
Fédéric & Clitie.
Femme comme il y en a peu. (la)
Femmes & le Secret. (les)
Fête des Halles. (la)
Fête Villageoise. (la)
Fin contre Fin.
Fête de Campagne. (la)
Folle Epreuve. (la)
Folies à la mode. (les)

Fêti raisonnable. (le)
Freres. (les deux)
Frères. (les deux petits)
 Guerre ouverte.
Gilles ravisseur.
 Héloïse (l') Angloise.
Heureuse (l') rencontre
Hymen (l'), ou le Dieu jaune.
Homme (l') comme il y en a peu.
Homme (l') noir.
Homme (l') & la Femme comme il n'y en a point.
 Jacquot & Colas Duellistes.
Jacquot parvenu.
Janot chez le Dégraisseur.
Jeannette, ou les Battus ne payent pas toujours l'amende.
Jean qui pleure & Jean qui rit.
Jérôme Pointu.
Jeune Indienne. (la)
 Il étoit tems.
Inconnue persécutée. (l')
Inconséquente. (l')
Intrigans. (les)
 Laurette.
Lingère (la) ou la Bégueule.
Loi de Jatab. (la)
 Mal-entendu. (le)
Mannequins (les)
Manteau écarlate. (le)
Mariage de Barogo. (le)
Mariage de Janot. (le)
Mariage de Melpomène. (le)
Margot la Bouquetière.
Mari (le) à deux femmes.
Marseille sauvée, Tragédie.
Martines. (les deux)
Matinée (la) du Comédien.
Médecin (le) malgré tout le monde.
Méfiant. (le)
Mélite & Lindor.
Mensonge excusable. (le)
Méprise (la) innocente.
Mieux fait douceur que violence.
Mère de Famille. (la)
Momus Philosophe.
Musicomanie. (la)
 Naufrage d'Amour. (le)
Nègre blanc. (le)
Ni l'un ni l'autre.
Nouveau parvenu. (le)
Nœud d'Amour. (le)
Nouvelle Omphale. (la)
La Nuit aux aventures.

Ombres (les) anciennes & modernes.
Oui ou non.
 Parisien dépaysé. (le)
Pension (la) Genevoise.
Petites Affiches. (les)
Pierre Bagnolet & Claude Bagnolet
Poule au Pot. (la)
Pourquoi pas ?
Pouvoir (le) des Talens.
 Quatre Coins. (les)
Quiproquo de l'Hôtellerie. (le)
 Ramoneur Prince (le).
Repas des Cléres. (le)
Repentir (le) de Figaro.
Résolution (la) inutile.
Revenant. (le)
Roméo & Juliette, Drame.
Rose & l'Epine. (la)
Ruse inutile. (la)
 Sabotier, (le) ou les huit sols
Saintongeoise. (la)
Sculpteur. (le)
Sculpteur en Bois (le).
Sept n'en font qu'un. (les)
Sept (les) en font deux.
Serrail à l'encan. (le)
Soi-disant Sage. (le)
Sophie.
Solitude. (la)
Sourd. (le)
Suzette & Colinet.
Sultan Généreux. (le)
Têtes (les) changées.
Thalie, la Foire & les Pointus.
Théâtromanie. (la)
Tibère, Tragédie.
Torts (les) apparens.
Tracasseries de Village.
Triomphe (le) de la bienfaisance.
Tripot Comique. (le)
Triste Journée (la).
Trois Aveugles (les)
Trois Léandres. (les)
Turcaret, de le Sage.
Usurier dupé (L')
Valet (le) à deux Maîtres.
Vannier (le) & son Seigneur.
Vendanges de Suresne. (les)
Vénus Pélerine.   Verseuil.
Veuve (la) comme il y en a peu.
Veuve (la) Angloise.
Wist, (le) & le Loto.
 Zarine, Tragédie.

www.ingramcontent.com/pod-product-compliance
Lightning Source LLC
Chambersburg PA
CBHW060504050426
42451CB00009B/814